Andreas Friedrich

Digital Rights Management

Andreas Friedrich

Digital Rights Management

GRIN Verlag

Bibliografische Information der Deutschen Nationalbibliothek: Die Deutsche Bibliothek
verzeichnet diese Publikation in der Deutschen Nationalbibliografie; detaillierte bibliografische Daten sind im Internet über http://dnb.d-nb.de/ abrufbar.

1. Auflage 2004
Copyright © 2004 GRIN Verlag
http://www.grin.com/
Druck und Bindung: Books on Demand GmbH, Norderstedt Germany
ISBN 978-3-638-68719-5

Technische Universität
BERGAKADEMIE FREIBERG

Fakultät: Wirtschaftsinformatik
Studiengang: Aufbaustudium Wirtschaftswissenschaften
Studienrichtung: Wirtschaftsinformatik

Digital Rights Management

Bearbeitet von: Andreas Friedrich
Seminararbeit zum Seminar: Wirtschaftsinformatik

Übergabetermin des Seminarthemas: 04.02.2004
Abgabetermin der Seminararbeit: 18.05.2004

. . . .
Unterschrift des Prüfers

Inhaltsverzeichnis

Abbildungsverzeichnis

Abkürzungsverzeichnis

AAP	Association of American Publishers
AES	Advanced Encryption Standard
CD	Compact Disc
DES	Data Encryption Standard
DOI	Digital Object Identifier
DRM	Digital Rights Management
DVD	Digital Versatile Disc
DWS	Digital World Services
EDV	Elektronische Datenverarbeitung
EMMS	Electronic Media Management System
FTP	File Transport Protocol
IBM	International Business Machines
ICQ	phonetisch: I seek you
ISBN	International Standard Book Number
ISSN	International Standard Serial Number
ISWC	International Standard Music Work Code
LP	Langspielplatte
MP3	Moving Picture Expert Group Layer 3
MPEG	Moving Picture Expert Group
OASIS	Organization for the Advancement of Structured Information Standards
ODRL	Open Digital Rights Language
OMA	Open Mobile Alliance
REL	Rights Expression Languages
RSA	Rivest, Shamir, Adleman
SSH	Secure Shell
SSL	Secure Socket Layer
URL	Uniform Resource Locator
XML	eXtensible Markup Language

1 Einleitung

Diese Seminararbeit befasst sich mit dem Thema Digital Rights Management. Dabei wird zunächst der Begriff Digital Rights Management definiert und ein Überblick über die verschiedenen Anwendungsgebiete gegeben. Im dritten Kapitel wird auf die besonderen Eigenschaften von digitalen Informationsgütern eingegangen, die Problematik des Urheberrechtsschutzes bei diesen Gütern erörtert und schließlich diskutiert, ob DRM überhaupt notwendig ist. Anschließend werden die verschiedenen DRM Technologien kurz beschrieben. Im fünften Kapitel werden einige käuflich verfügbare DRM Systeme vorgestellt. Abschließend werden die wesentlichen Punkte noch einmal zusammengefasst.

2 Digital Rights Management: Definition und Übersicht

Bevor mit der Diskussion der Anwendungsgebiete und Technologien für Digital Rights Management begonnen wird, muss der Begriff DRM definiert werden. So facettenreich die Anwendungsgebiete und Technologien sind, so vielfältig sind die Definitionen für den Begriff Digital Rights Management. Eine solche Definition wird bei whatis.com gegeben:

> „Digital rights management (DRM) is a type of server software developed to enable secure distribution – and perhaps more importantly, to disable illegal distribution – of paid content over the Web."[1]

Obwohl diese Definition sicherlich richtig ist, ist sie jedoch sehr eng gesteckt und umschreibt nur einen – wenn auch sehr wichtigen – Teilbereich des DRM's, den digitalen Vertrieb von Informationsgütern. Eine umfangreichere und weiter gefasste Definition gibt Iannela :

> „The second-generation of DRM covers the description, identification, trading, protection, monitoring and tracking of all forms of rights usages over both tangible and intangible assets including management of rights holders relationships. Additionally, it is important to note that DRM is the ‚digital management of rights' and not the ‚management of digital rights'."[2]

In kurzen Worten, Digital Rights Management umfasst alles, was Inhaber von Rechten – an materiellen und immateriellen Gütern – tun, um diese zu wahren, zu vertreiben und zu

---

[1] whatis.com (2004)
[2] Iannella (2001)

1

verkaufen, auf digitalem und nicht digitalem Wege.[3] Digital Rights Management ist also keineswegs beschränkt auf Kopierschutztechnologien, welche digitalisierte Informationsgüter vor der unberechtigten Vervielfältigung schützen sollen. Ein äußerst wichtiger Bereich ist das Management von Rechten. Dies wird von großen Rechtsabteilungen bei Verlagen und in Film- und Musikindustrie meist mit nur rudimentärer EDV-Unterstützung – etwa Textverarbeitungen und Tabellenkalkulationen – übernommen. In diesem Bereich gibt es großes Optimierungspotential, sowohl beim hausinternen Management der Rechte als auch bei der Abwicklung von Rechtetransfers zwischen den Unternehmen.[4] Ein weiteres wichtiges Anwendungsgebiet ist die automatisierte Erfassung von Daten über den Gebrauch von Informationsgütern. Natürlich nehmen Kopierschutztechnologien ebenfalls eine zentrale Rolle beim Digital Rights Management ein.

3 Informationsgüter im digitalen Zeitalter

3.1 Definition

Es ist äußerst schwierig, für den Begriff Information eine umfassende und dennoch kurze und verständliche Definition zu geben. Die verschiedenen Wissenschaftsdisziplinen Physik, Biologie, Nachrichtentechnik, Informatik, Informationswissenschaft, Informationsökonomik und Semiotik haben je eine eigene Auffassung über das Wesen von Information, welche sich zum Teil erheblich unterscheiden. Eine prägnante Definition wird von Shapiro und Varian gegeben:

> „Essentially, anything that can be digitized – encoded as a stream of bits – is information."[5]

Demnach ist etwa der Bauplan eines Hauses oder das Foto eines Autos Information, wohingegen das Haus bzw. das Auto selbst keine Information sind. Diese Definition ist keineswegs umfassend, so lassen sich beispielsweise Gerüche – im biologischen Sinne durchaus Information – nicht digitalisieren. Für die im Folgenden diskutierten Aspekte ist die Definition jedoch hinreichend.

---

[3] vgl. Rump (2003), S. 3-4
[4] vgl. Rosenblatt et al. (2002), S. 6
[5] Shapiro, Varian (1999), S. 3

3.2 Eigenschaften von Informationsgütern

Im Folgenden sollen die Eigenschaften von Informationsgütern nicht erschöpfend darge-
stellt werden, es werden vielmehr nur diejenigen erwähnt, welche Probleme im Zuge der
digitalisierten Verbreitung von Informationsgütern aufwerfen[6]:

- **Informationsgüter sind immateriell.**
  Diese Eigenschaft ergibt sich direkt aus der im vorigen Abschnitt gegebenen Definition von Information.

- **Es besteht keine Rivalität im Konsum von Informationsgütern.**
  Materielle Güter lassen sich im Allgemeinen nicht von mehreren Personen gleichzeitig verwenden. Zwar kann der Eigentümer eines materiellen Gutes (z. B. Wohn-
  wagen, Auto, Walkman) dieses verleihen, allerdings kann er dann selbst für die
  Dauer der Leihe keinen Nutzen mehr aus dem Gut ziehen. Der Nutzen des materiellen Gutes für den Eigentümer wird also durch eine Leihe reduziert. Der Nutzen
  von Informationen (z. B. Börsenkursen, Rezepten, ...) für ein Individuum wird jedoch durch Weitergabe an eine weitere Person im Allgemeinen nicht reduziert.

- **Das Ausschlussprinzip kann nur teilweise angewandt werden.**
  Für den Eigentümer eines materiellen Gutes ist es in der Regel einfach, weitere
  Personen von der Nutzung des Gutes auszuschließen, etwa durch weg- bzw. ab-
  schließen des Gutes. Bei Informationen ist dies weitaus schwieriger. Insbesondere
  vermag der ursprüngliche Besitzer der Information deren Ausbreitung, wenn weitere Personen erst einmal Kenntnis von der Information erlangt haben, nicht zu
  kontrollieren oder gar zu stoppen.

- **Informationsgüter haben eine spezielle Kostenstruktur.**
  Typisch für Informationsgüter sind hohe fixe Kosten für die Produktion eines Ori-
  ginals. Das Schreiben eines Romans, die Recherchen für ein Sachbuch, das Drehen
  eines Films sind Beispiele für die kosten- und zeitintensive Produktion von Informationsgütern. Für die Reproduktion dieser Güter – Drucken eines weiteren Buches, Pressen einer weiteren DVD – fallen jedoch ab einer gewissen Stückzahl nur
  marginale Kosten an.

Die vorgenannten Eigenschaften von Informationsgütern sind ursächlich dafür, dass ur-
heberrechtlicher Schutz von eminenter Bedeutung für Informationsgüter ist. Dies gilt für

---

[6] Bauckhage (2003), S. 234-236

digitalisierte Informationen noch in viel stärkerem Maße, was im nächsten Abschnitt näher erläutert wird.

3.3 Unberechtigte Reproduktion von Informationsgütern

Die unerlaubte Reproduktion von Informationsgütern ist kein neues Phänomen. Ebenso wenig neu ist die Forderung nach strengeren Urheberrechtsgesetzen und wirksamen Kopierschutztechnologien. Die Problematik besteht vielmehr seit Beginn des kommerziellen Vertriebes von Informationsgütern. Ihr wurde immer dann besondere Aufmerksamkeit geschenkt, wenn technische Innovationen (z.B. Druckmaschinen, Fotokopierer, Musikkassetten, Videorekorder ...) die Reproduktion von Informationsgütern vereinfachte.[7] Der Vertrieb der Informationsgüter war jedoch an physische Träger gebunden, wodurch bestimmte Eigenschaften der physischen Träger an die Informationsgüter 'vererbt' wurden. Insbesondere war die Herstellung qualitativ hochwertiger Imitate durch Economies of Scale geprägt. So war beispielweise das illegale Drucken von Büchern oder Pressen von Schallplatten erst ab großen Stückzahlen rentabel. Entsprechend umfangreich waren die notwendigen Vertriebskanäle für diese Imitate, was, von nicht bestehendem oder nur unzureichend durchgesetztem Urheberrechtsschutz in bestimmten Regionen der Welt einmal abgesehen, eine relativ einfache und wirksame Bekämpfung durch Polizei und Justiz ermöglichte.[8] Die Reproduktion im privaten Bereich war zum einen sehr zeitaufwendig und zum anderen mit Qualitätsverlusten verbunden. So ist etwa das Fotokopieren eines Buches äußerst mühsam und der daraus resultierende Papierstapel sehr unhandlich. Zudem war die Verbreitung solcher privat erstellten Kopien auf Freunde und Bekannte beschränkt.

Mit der Verfügbarkeit von preiswerten CD-Brennern und CD-Rohlingen war es zum ersten Mal für jedermann möglich, 1:1-Kopien von Software- und Audio-CD's herzustellen, welche dem Original in Handhabung und Qualität in nichts nachstanden. Die Entwicklung von effizienten Kompressionsalgorithmen (z.B. MP3 und DIVX) und wachsende Verfügbarkeit von Breitband-Internetzugängen, etwa via DSL- oder Kabelmodem, ermöglichen zudem die fast kostenlose Verteilung unerlaubter Kopien über das Internet. Dabei erfolgt die Verbreitung der Informationsgüter über Netzwerke, welche sich nach Biddle et al.[9] in zwei Klassen unterteilen lassen. Zum einen gibt es die sogenannten ‚small world' Netzwerke, zum anderen die Peer-to-Peer-Netzwerke[10]. Erstere bestehen

---

[7] Bauckhage (2003), S. 239
[8] Biddle et al. (2002), S. 155
[9] Biddle et al. (2002), S.158-175
[10] auch kurz: P2P-Netzwerke

aus kleineren Gruppen von Individuen, die sich meist persönlich kennen. Die Verbreitung von Informationsgütern in diesen Netzwerken kann dabei sowohl durch Weitergabe kopierter CD's und DVD's als auch über geschützte Internetprotokolle, wie etwa FTP und ICQ, erfolgen. Diese einzelnen Netzwerke sind durch Individuen verbunden, welche Mitglieder mehrerer solcher Netzwerke sind (siehe Abbildung 1). Durch diese Verbindungen

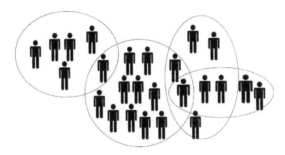

Abbildung 1: Verbundene ‚small world‘ Netzwerke

können Informationsgüter von einem Netzwerk in die anderen Netzwerke diffundieren. Insbesondere in bestimmten eng verbundenen sozialen Gruppen – wie etwa Schüler und Studenten – ist mit einer raschen Diffusion zu rechnen. In diesen Netzwerken fehlt jedoch die Möglichkeit, gezielt nach bestimmten Informationsgütern zu suchen. Zudem werden sich nur populäre Inhalte (z.b: Standardsoftware, aktuelle Hits, ...) rasch und weit reichend verbreiten. Neben diesen Nachteilen der ‚small world‘ Netzwerke gegenüber den im Folgenden betrachteten P2P-Netzwerken haben sie jedoch auch den großen Vorteil, dass die Gefahr für die einzelnen Mitglieder für Urheberrechtsverletzungen belangt zu werden äußerst gering ist, da sich die einzelnen Teilnehmer in der Regel kennen und es sehr schwer ist, von außen in ein solches Netzwerk einzudringen.

In einem P2P-Netzwerk ist jeder Rechner sowohl Client als auch Server. Napster war der erste Vertreter eines solchen Netzwerkes. Die einzelnen Teilnehmer am Napster Netzwerk gaben bestimmte Dateien auf ihrem Rechner zum Tausch frei. Diese wurden auf einem zentralen Index-Server gespeichert. Suchte nun ein Teilnehmer am Netzwerk ein bestimmtes Informationsgut (z.b Audio-Dateien, Filme, Software), so überprüfte der Index-Server ob – und falls ja – welche anderen User diese Inhalte zum Tausch anboten. Startete dann der suchende User den Dateidownload von einem Tauschpartner, so wurde eine direkte Verbindung (Peer-to-Peer) zwischen diesen Rechnern aufgebaut und die Datei transferiert. Der zentrale Index-Server ermöglichte es jedoch gerichtlich gegen Napster vorzugehen; dies führte schließlich zur Einstellung des Napster-Betriebes im Juni 2001. Der

erste Vertreter eines P2P-Netzwerkes mit dezentraler Suche war Gnutella. Im Gnutella-Netzwerk wird eine Suchanfrage an mehrere zufällig ausgewählte Rechner im Netzwerk weitergeleitet. Diese überprüfen, ob sie den gesuchten Inhalt zur Verfügung stellen können. Ist das nicht der Fall, leiten sie die Anfrage ebenfalls an zufällig ausgewählte Rechner weiter. Der Vorgang wird bis zu einer vorgegebenen Suchtiefe fortgesetzt. Auf diese Weise breitet sich die Suchanfrage pyramidenförmig im Netzwerk aus, wodurch eine sehr große Anzahl an Rechnern erreicht wird. Wird der gesuchte Inhalt auf einem Rechner gefunden, wird dies auf demselben Pfad zurück an den suchenden Rechner gemeldet, so dass dann gegebenenfalls eine direkte Verbindung zwischen diesen beiden Rechnern für den Dateitransfer hergestellt werden kann. Auch die heute dominierenden P2P-Protokolle Fasttrack (KaZaa) und eDonkey kommen ohne zentralen Index-Server aus. Rechtlich angreifbar sind diese P2P-Netzwerke dadurch, dass die Rechner in diesen Netzwerken nicht anonym sind, da ihre TCP-IP Adresse durch die den Netzwerken zu Grunde liegenden Protokolle übermittelt wird. Durch Rückfragen bei den Internet-Providern kann so jeder Teilnehmer am Netzwerk identifiziert werden. Zwar wird der einzelne Anwender durch die große Anzahl der Teilnehmer an den P2P-Netzwerken in gewisser Weise geschützt, da es nicht möglich ist, gegen alle gerichtlich vorzugehen. Dennoch könnte das gezielte Vorgehen gegen bestimmte Anwender, etwa solche die sehr viel urheberrechtlich geschütztes Material zum Tausch zur Verfügung stellen, dazu führen, dass viele Anwender aus Furcht vor Sanktionen entweder gar nicht mehr an diesen P2P-Netzwerken teilnehmen oder als sogenannte Trittbrettfahrer nur noch Informationsgüter aus den P2P-Netzwerken beziehen – aber keine mehr selbst zum Tausch anbieten. Beides würde die Verfügbarkeit von Informationsgütern in diesen Netzen drastisch reduzieren und könnte schließlich zum Zusammenbruch dieser Tauschbörsen führen.[11] Allerdings ist es auch denkbar, dass die Anwender auf anonymisierte P2P-Technologien, wie z. B. Freenet umsteigen. Eine charakteristische Eigenschaft von Freenet ist, dass die Teilnehmer direkt keine Dateien auf ihrem Rechner zum Download anbieten, sondern vielmehr dem Freenet-Netzwerk eine gewisse Menge Speicherplatz zur Verfügung stellen. Jeder Teilnehmer kann Informationen (Dateien) in das Freenet einspeisen. Dabei hat er keinen Einfluss darauf, auf welchen Rechnern im Freenet die Dateien gespeichert werden. Er hat auch keinen Einfluss darauf, welche Informationen auf seinem Rechner gespeichert werden; und da die Dateien grundsätzlich verschlüsselt abgelegt werden, kann er dies auch nicht überprüfen. Des Weiteren ist es nicht möglich zurückzuverfolgen, wer eine bestimmte Datei in das Freenet eingespeist hat. Beim Download von Dateien aus dem Freenet kann nicht ermittelt werden,

---

[11] vgl. Biddle et al. (2002), S. 160-166

von welchen Rechnern die Datei gesendet wird. Genauso wenig kann festgestellt werden, wer eine bestimmte Datei aus dem Freenet heruntergeladen hat. Eine kurze Darstellung der Freenet-Technologie ist im Artikel von Androutsellis-Theotokis[12], eine ausführliche im Artikel von Clarke et al.[13] zu finden. Für die Betrachtungen in diesem Abschnitt ist nur wesentlich, dass es in anonymen P2P-Netzwerken unmöglich ist festzustellen, wer welche Informationen bzw. Dateien anbietet oder bezieht. Demnach ist in solchen Netzwerken einer rechtlichen Verfolgung von Urheberrechtsverletzungen jegliche Grundlage entzogen, da die Täter nicht identifiziert werden können. Hierbei ist anzumerken, dass die Entwickler solcher anonymer P2P-Protokolle keineswegs das Ziel verfolgen, Urheberrechtsverletzungen Vorschub zu leisten. Sie möchten vielmehr eine Zensur des freien Informationsaustausches über das Internet unmöglich machen. Das verhindert allerdings nicht, dass diese Protokolle für die unrechtmäßige Verbreitung von Informationsgütern verwendet werden.

3.4 Neue Geschäftsmodelle

Neben dem hohen Risiko der großen Verbreitung unerlaubter Kopien von Informationsgütern werden durch die Digitalisierung von Informationsgütern zahlreiche neue Geschäftsmodelle ermöglicht. Da eine umfassende Diskussion der Geschäftsmodelle und der Voraussetzungen unter denen diese erfolgreich sein können zu umfangreich wäre, wird im Folgenden nur ein Überblick über einige Möglichkeiten gegeben.

Da die beim Vertrieb von Informationsgütern über das Internet anfallenden Reproduktions- und Transportkosten minimal sind, können auch ‚kleine Mengen‘ von Informationen vertrieben werden. Beispiele hierfür sind etwa einzelne Zeitschriftenartikel, Bilder und Lexikoneinträge. Hierdurch ist es für Verlage durchaus möglich neue Kunden zu gewinnen. So kann jemand, der an einem teuren Jahresabonnement eines Wissenschaftlichen Magazins[14] oder an der Komplettausgabe eines renommierten Lexikons nicht interessiert ist, durchaus großes Interesse haben, einzelne Artikel oder Lexikoneinträge zu erwerben. Sind erstmal ebook-Lesegeräte weit verbreitet, wird eventuell auch der Vertrieb von Romanen oder anderen ‚Büchern‘ in digitaler Form rentabel, deren Druck aufgrund zu geringer Stückzahlen nicht wirtschaftlich ist. Des Weiteren können Inhalte aus vergriffenen Büchern, Zeitschriften und LP's bzw. CD's, deren Neuauflage nicht rentabel erscheint, auf digitalem Wege problemlos weiter vermarktet werden. Denkbar ist auch, das gleiche Informationsgut mit verschiedenen Nutzungsrechten zu unterschiedlichen Preisen zu

---

[12] Androutsellis-Theotokis (2002)
[13] Clarke et al. (2000)
[14] Preise weit über 1000 € sind keine Seltenheit.

vertreiben. Ein Film beispielsweise könnte mit der Einschränkung, dass er nur innerhalb von 24 Stunden angeschaut werden kann, günstiger angeboten werden als mit einer unbefristeten Abspielberechtigung. Auch die Superdistribution von Informationsgütern ist viel differenzierter möglich. Werden etwa auf traditionelle Weise die Vermarktungsrechte eines Films oder Romans für ein bestimmtes Land pauschal verkauft, ist es denkbar, für digitalisierte Informationsgüter begrenzte Kopierrechte zu verkaufen, welche den Weiterverkauf einer bestimmten Anzahl von Kopien gestatten. Für solche Konzepte sind DRM Systeme unverzichtbar, da sichergestellt werden muss, dass die Informationsgüter nur gemäß den erworbenen Rechten verwendet bzw. vertrieben werden.

Onlineanbieter können ihre Dienste wesentlich günstiger anbieten als etwa Buchhandlungen oder Plattenläden, da sie deutlich geringere Kosten haben (keine Ladenfläche, weniger Mitarbeiter pro Kunde, ...). Zum Teil kann auf Intermediäre auch ganz verzichtet werden.

Ganz neue Möglichkeiten ergeben sich bei Erhebungen über den Gebrauch von Informationsgütern in den Bereichen ,usage tracking' und ,usage metering'. Beim anonymen Vertrieb und Gebrauch der an physikalische Träger gebundenen Informationsgüter können solche Daten nur durch teure Marktstudien gewonnen werden. Die Ergebnisse solcher Studien sind zudem häufig ungenau. Im Falle digitaler Informationsgüter ist es technisch sehr wohl möglich, kostengünstig und exakt zu bestimmen, wer, was, wann, wie oft mit welchem Informationsgut 'tut'. Dies sind unschätzbare Informationen etwa für die Platzierung von Werbung oder die Optimierung der angebotenen Inhalte in Bezug auf die Interessen der Kunden.[15] Ob – und inwiefern – die Erhebung solcher Daten Datenschutzbestimmungen berührt, und daher die Zustimmung des einzelnen Kunden erfordern, oder gar gänzlich unzulässig ist, soll an dieser Stelle nicht diskutiert werden.

3.5 Neue Formen des Rechtetransfers

Die Rechte, die der Käufer eines Informationsgutes erwirbt, sind beim traditionellen Vertrieb dieser Güter mittels physischer Träger implizit durch den Träger definiert. Der Käufer eines Buches erwirbt beispielsweise folgende Rechte:

- Das Recht das Buch für eine unbefristete Zeit so oft zu lesen, wie er möchte.

- Das Recht das Buch weiterzuverkaufen oder zu verschenken; ein weiteres Lesen ist für den Käufer danach nicht mehr möglich.

---

[15] vgl. Rosenblatt et al. (2002), S. IX,19-35

Es gibt vielfältige Rechte am Inhalt des Buches, welche der Käufer nicht erwirbt. Dazu gehören zum Beispiel:

- Rechte die auf Grund der Form des physischen Trägers nicht möglich sind, wie etwa das Lesen des Buches auf einem Organizer oder das Hören des Inhaltes; diese Tätigkeiten setzen per se einen anderen physischen Träger voraus.

- Rechte die urheberrechtlich geschützt sind, wie etwa die Weiterverwendung einzelner Teile davon in einem anderen Werk.

Liegen die Informationsgüter jedoch in digitalisierter Form vor, so sind die Möglichkeiten, das Gut zu konsumieren oder weiterzuverarbeiten, weitaus vielfältiger. Ein digitales Buch zum Beispiel kann nicht nur gelesen, sondern auch ganz oder teilweise ausgedruckt werden. Zudem können Textpassagen oder Abbildungen auf einfache Weise in andere Dokumente eingefügt werden. Im Folgenden werden daher elementare Formen von Rechten an Informationen illustriert. Abbildung 2 zeigt ein Schema solcher elementaren Rechte. Diese lassen sich in die drei Klassen: Wiedergaberechte, Transportrechte und Wei-

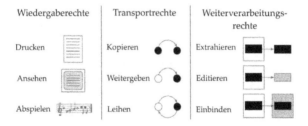

Abbildung 2: Beispiele für elementare Rechte

terverarbeitungsrechte unterteilen. Jedes Recht kann dabei durch Attribute noch weiter spezifiziert werden. Diese Attribute können zum Beispiel festlegen, wie lange oder wie oft ein bestimmtes Recht wahrgenommen werden kann. Es ist auch möglich, zwischen verschiedenen Kundentypen – etwa Privatleuten und Firmen – zu differenzieren. Die in Abbildung 2 für die einzelnen Klassen aufgeführten Rechte sind keineswegs vollständig, sie sollen nur als Beispiele dienen.[16] Um die vielfältigen Ausgestaltungsmöglichkeiten der einzelnen Rechte logisch strukturiert beschreiben zu können, sind spezielle Sprachen (siehe Abschnitt 4.2) entwickelt worden.[17]

---

[16] Übersetzung in andere Sprachen wäre z.B. ein weiteres Verarbeitungsrecht.
[17] vgl. Rosenblatt et al. (2002), S. VII,VIII,59-69

3.6 Notwendigkeit von Digital Rights Management

Die Frage nach der Notwendigkeit von Digital Rights Management muss für die einzelnen Anwendungsbereiche differenziert beantwortet werden. Was das Management von Rechten betrifft, gibt es, wie in Abschnitt 2 bereits erwähnt, großes Optimierungspotential. Bereits die Möglichkeit, durch Datenbankabfragen ermitteln zu können, welche Verwertungsrechte an einem bestimmten Informationsgut zu welchen Konditionen erworben werden können, könnte die Arbeit der Rechtsabteilungen bei Medienunternehmen effizienter gestalten. Ob auch eine automatisierte Abwicklung der Rechtetransaktionen erwünscht ist, hängt wesentlich vom Wert der entsprechenden Verwertungsrechte ab. Auch für die hausinterne Administration der Verwertungsrechte sind solche Systeme vorteilhaft. Deshalb werden von einigen Unternehmen des Verlagswesens sowie der Film- und Fernsehindustrie solche Systeme eingeführt.[18]

Was die Bereiche ‚usage tracking' und ‚usage metering' betrifft, ist Digital Rights Management zumindest aus Sicht der Medienunternehmen erwünscht; schließlich möchte kein Unternehmen auf die Möglichkeit verzichten, nahezu kostenlos umfangreiche Informationen über ihre Kunden und deren Vorlieben zu sammeln. Dem Umfang und der Präzision der gesammelten Daten werden dabei vor allem durch Datenschutzbestimmungen Grenzen gesetzt.

Die Frage nach der Notwendigkeit von Kopierschutztechnologien wird sehr kontrovers diskutiert. Nach einem Modell von Takeyama[19] kann das unerlaubte Kopieren eines Informationsgutes, falls der Nutzen des Gutes durch positive Netzeffekte geprägt ist, den Profit des Anbieters sogar steigern. Dies ist im Wesentlichen darauf zurückzuführen, dass es für den Netzeffektnutzen, den das Gut für einen Käufer hat, unerheblich ist, ob die anderen Nutzer eine legal oder illegal erworbene Kopie des Gutes verwenden; und die Zahlungsbereitschaft des Käufers für das Gut mit wachsendem Netzeffektnutzen steigt. Zudem wird durch die unerlaubten Kopien auch die soziale Wohlfahrt gesteigert, da nicht nur der Profit des Anbieters steigt, sondern auch Individuen, die den Preis für das Gut nicht zahlen können oder wollen, von der Nutzung des Gutes profitieren. Für Güter ohne oder mit sehr geringen positiven Netzeffekten ist eine Steigerung des Profites der Anbieter durch unerlaubte Kopien nicht zu erwarten. Oberholzer und Strumpf[20] glauben anhand einer empirischen Studie belegen zu können, dass das illegale Tauschen von Musik über P2P-Netzwerke keinen oder einen geringfügig positiven Einfluss auf den Absatz von

---

[18] vgl. Rosenblatt et al. (2002), S. 66/67,239/240
[19] Takeyama (1994)
[20] Oberholzer, Strumpf (2004)

Musik-CD's hat. Ihre Studie wird jedoch von Liebowitz[21] stark kritisiert. Nach Liebowitz[22] haben Tauschbörsen einen extrem negativen Einfluss auf den Verkauf von Musik. In jedem Fall ist zu bedenken, dass das Erstellen und Verteilen unerlaubter Kopien von digitalisierten Informationsgütern durch technologische Entwicklungen sehr einfach und kostengünstig geworden ist (s. Abschnitt 3.3), wodurch durchaus die Gefahr drastischer Umsatzeinbußen für die Medienproduzenten besteht.[23] Es ist daher sicherlich berechtigt, für den Vertrieb von Informationsgütern Kopierschutztechnologien einzusetzen. Die Furcht vor allzu restriktiven Kopierschutzmaßnahmen erscheint mir unbegründet, da die Anbieter, um erfolgreich zu sein, sorgfältig zwischen Sicherheit des Kopierschutzes und den Unannehmlichkeiten, die der ehrliche Käufer beim Konsum eines kopiergeschützten Informationsgutes erfährt, abwägen müssen. Darüberhinaus können bestimmte Vertriebsformen ohne DRM Technologien gar nicht umgesetzt werden (s. Abschnitt 3.4).

4 DRM Technologien

Im Folgenden werden die verschiedenen DRM Technologien kurz vorgestellt. Für ausführlichere Darstellungen sei auf die angegebene Literatur verwiesen.

4.1 Identifikation von Informationsgütern

Die Identifikation eines Informationsgutes gehört zu den grundlegenden Funktionen eines DRM Systems. Jedes Informationsgut muss dabei eindeutig identifiziert werden können. In einfacher Weise kann dies durch eindeutige Kennzeichen – wie zum Beispiel eine Seriennummer – ermöglicht werden. Die verschiedenen Sparten der Medienindustrie haben einige solcher Kennzeichen, welche auf einen ganz bestimmten Medientyp beschränkt sind, entwickelt. Bekannte Vertreter dieser Kennzeichen sind zum Beispiel:

- ISBN : International Standard Book Number (Bücher, Hörbücher)

- ISSN : International Standard Serial Number (Zeitschriften, Zeitungen)

- ISWC : International Standard Music Work Code (Musik)

Keines der genannten Kennzeichen wurde dafür konzipiert, Online-Inhalte zu identifizieren. Eine Identifikation über die URL-Adressen der jeweiligen Informationen scheidet

---

[21] Liebowitz (2004)
[22] Liebowitz (2003)
[23] vgl. Bauckhage (2003), S. 248/249

aus, da diese sich ändern, wenn etwa der Anbieter der jeweiligen Information seine Webseite umstrukturiert oder die Rechte an der Information weiterverkauft.

Das Enabling Technologies Committee der Association of American Publishers (AAP) hat mit dem Digital Object Identifier ein Kennzeichen entwickelt, welches sich für die Identifikation von Online-Inhalten eignet und sich darüber hinaus für jede Art von Informationsgütern verwenden lässt. Das DOI Konzept beruht auf zentralen Verzeichnissen in denen die URL der Informationsgüter gespeichert ist. Der DOI eines Informationsgutes verweist dabei auf einen eindeutigen Eintrag in einem solchen Verzeichnis. Ein DOI hat folgende Form:

$$\underbrace{10.1054}_{Pr\ddot{a}fix} / \underbrace{ghir.1999.0129}_{Suffix}$$

Die erste Zahl im Präfix gibt dabei die Nummer des DOI Verzeichnisses an, die zweite Zahl identifiziert den Anbieter des Informationsgutes. Das Suffix ist ein eindeutiges Kennzeichen, welches vom Anbieter frei gewählt werden kann. Hierbei können auch klassische Kennzeichen wie die ISBN Nummer weiterverwendet werden. Werden die Verwertungsrechte an einem Informationsgut verkauft oder wird aus einem anderen Grund die URL – unter welcher das Informationsgut aufzufinden ist – geändert, bleibt der DOI unverändert; lediglich der Eintrag im DOI Verzeichnis wird entsprechend angepasst.

4.2 Beschreibung von Rechten

Um die vielfältigen Ausgestaltungsmöglichkeiten der Verwertungs- und Nutzungsrechte von Informationsgütern logisch strukturiert beschreiben zu können und somit eine elektronische Verarbeitung zu ermöglichen, wurden spezielle Sprachen, so genannte ‚Rights Expression Languages (REL)‘, entwickelt. Die erste dieser Sprachen war die Digital Property Rights Language. Sie wurde Mitte der 90er Jahre von Mark Stefik bei Xerox entwickelt.[24]. Darauf aufbauend gab es zahlreiche Projekte zur Entwicklung solcher Sprachen. Von Bedeutung sind heute vor allem folgende beide Sprachen:

- **eXtensibel rights Markup Language (XrML)**
  Diese Sprache ist Nachfolger der Digital Property Rights Language. Sie wurde von ContentGuard, einem Joint Venture von Xerox und Microsoft, entwickelt. XrML Sprache dient als Basis für die Entwicklung der in MPEG 21 eingebundenen REL und wurde vom Open eBook Forum als Standard Sprache ausgewählt. ContentGuard hat die weitere Entwicklung von XrML eingestellt und die Verantwortung

---

[24] Rosenblatt et al. (2002), S. 114

12

dafür an die Organization for the Advancement of Structered Informations Standards (OASIS) und die MPEG Initiative übertragen. Allerdings muss das Recht für die kommerzielle Nutzung von XrML nach wie vor von ContentGuard lizensiert werden.

- **Open Digital Rights Language (ODRL)**
  Diese Sprache wird von der ODRL Initiative, einem Open Source Projekt, entwickelt und ist frei verfügbar. Sie wurde kürzlich von der Open Mobile Alliance (OMA) als Standard REL für mobile Informationsgüter anerkannt. Weitere Anwendung findet sie in der DRM Software, welche vom Open Source Rights Management Projekt entwickelt wird.

Beide Sprachen verwenden eine XML konforme Syntax. Auf eine nähere Beschreibung der Syntax wird hier jedoch verzichtet. Für beide Sprachen stehen die Chancen gut, in kommerziellen DRM Systemen Anwendung zu finden. Microsoft hat XrML in seine Windows Media Rights Manager Software integriert. Adobe hingegen unterstützt die ODRL Initiative und wird die Sprache vermutlich in zukünftigen Produkten verwenden.[25]

4.3 Metadaten

Wird im Zusammenhang mit Informationsgütern von Metadaten gesprochen, so sind damit Informationen ‚über‘ Informationsgüter gemeint. In den Metadaten zu einem Informationsgut können etwa folgende Informationen erfasst sein:

- Ein Kennzeichen zur eindeutigen Identifikation des Gutes (ISBN, DOI, ...)

- Der Urheber (Autor, Komponist, ...)

- Inhaber der Verwertungsrechte (Verlag, Filmstudio, ...)

- Beschreibung des Gutes

- Ausschnitte (Textpassagen, Filmszenen, ...)

- Spezifikation der vom Käufer erworbenen Rechte

- Schlagworte

---

[25] Guth (2003a)

Diese Liste ist dabei keineswegs vollständig. Metadaten müssen auch nicht alle hier erwähnten Informationen enthalten. Welche Informationen zu einem Informationsgut in den Metadaten erfasst werden, hängt vielmehr sowohl von der Art des Informationsgutes als auch vom Verwendungszweck der Metadaten ab. So werden Metadaten in einem Informationsgüterkatalog noch keine Informationen über den Käufer enthalten, und die nach dem Kauf zusammen mit dem Informationsgut an den Kunden gesendeten Metadaten werden möglicherweise aus Platzgründen keine Ausschnitte mehr enthalten.

Metadaten können in einer separaten Datei gespeichert, gemeinsam mit dem Informationsgut in einen ‚sicheren Container' (s. Abschnitt 4.6) gepackt oder als Wasserzeichen in das Gut eingebettet sein.

4.4 Verschlüsselungstechnologien

Die in der modernen Kryptographie eingesetzten Verschlüsselungstechnologien lassen sich in zwei Klassen einteilen:

- Symmetrische Verschlüsselungsverfahren

- Asymmetrische Verschlüsselungsverfahren

Bei symmetrischen Verschlüsselungsverfahren wird für die Ver- und Entschlüsselung der gleiche Schlüssel benötigt. Ein bekannter Vertreter der symmetrischen Verschlüsselungsverfahren ist der Data Encryption Standard (DES). Dieser basiert auf einem Algorithmus von IBM namens Luzifer und wurde 1976 als nationaler Standard in den USA eingeführt. Die ursprüngliche Version verwendete eine Schlüssellänge von 56 bit. Insbesondere nachdem es der Electronic Frontier Foundation gelang, mit einem sehr kleinen Budget von 250.000 \$ eine Dechiffriermaschine zu entwickeln, welche einen DES Schlüssel in durchschnittlich $4\frac{1}{2}$ Tagen zu 'knacken' vermag, gilt der DES Algorithmus nicht mehr als sicher. Die Schlüssellänge wurde deshalb auf 112 (2DES) bzw. 168 bit (3DES) angehoben. Bereits 1997, noch bevor der DES 'geknackt' wurde, startete das National Institute of Standards and Technology die Suche nach einem Nachfolger für den DES. Unter zahlreichen Vorschlägen wurde im Oktober 2000 der Rijndael Algorithmus, benannt nach seinen Entwicklern Rijmen und Daemen, ausgewählt und als Advanced Encryption Standard (AES) eingeführt. Beim AES sind Schlüssellängen von 128, 192 und 256 bit gebräuchlich. Ebenfalls von Bedeutung ist der Rivest Cipher 2 (RC2) Algorithmus, dieser wurde von Ron Rivest bei RSA Data Security Inc. entwickelt. Der RC2 wurde wie seine Nachfolger RC4 und RC5 von der RSADSI nicht offen gelegt. Anwendung findet der River Cipher Algorithmus zum Beispiel beim SSL-Protokoll (RC4) und beim SSH-Protokoll (RC5).

Bei asymmetrischen Verschlüsselungsverfahren wird ein Schlüsselpaar zur Ver- bzw. Entschlüsselung verwendet. Diese beiden Schlüssel werden privater Schüssel und öffentlicher Schlüssel genannt. Dabei wird der öffentliche aus dem privaten Schlüssel errechnet. Eine Ableitung des privaten aus dem öffentlichen Schlüssel ist hingegen nicht möglich. Wird nun eine Nachricht mit einem der beiden Schlüssel kodiert, kann sie nur mit dem jeweils anderen dekodiert werden. Ver- und Entschlüsselung laufen dabei nach folgenden Schemas ab:

Die Anwender generieren sich je einen privaten und den daraus errechneten öffentlichen Schlüssel. Der öffentliche Schlüssel wird dann den anderen Anwendern bekannt gegeben. Verschlüsselt nun ein Anwender A eine Nachricht mit dem öffentlichen Schlüssel von Anwender B, so ist nur B in der Lage, die Nachricht mit seinem privaten (geheimen) Schlüssel zu dekodieren. Verschlüsselt A dagegen die Nachricht mit seinem privaten Schlüssel, so können alle anderen Anwender die Nachricht mit dem öffentlichen Schlüssel von A dechiffrieren und sicher sein, dass die Nachricht von Anwender A stammt.

Die Idee der asymmetrischen Verschlüsselung wurde 1976 von Diffie und Hellman präsentiert. Zahlreiche asymmetrische Verschlüsselungsalgorithmen wurden seitdem veröffentlicht. Als praktikabel und sicher haben sich allerdings nur die drei Algorithmen El-Gamal, Rabin und RSA erwiesen. Der von Rivest, Shamir und Leonard Adleman 1978 entwickelte RSA Algorithmus ist am weitesten verbreitet und de facto zum Standard für die asymmetrische Verschlüsselung geworden.

Die asymmetrischen Verschlüsselungsverfahren erfordern komplexe mathematische Berechnungen bei der Ver- und Entschlüsselung. Sie sind daher deutlich langsamer als die symmetrischen Verschlüsselungsalgorithmen und nicht geeignet, große Datenmengen in kurzer Zeit zu kodieren und dekodieren. Aus diesem Grund werden in der Praxis häufig hybride Systeme eingesetzt, welche zur Verschlüsselung der Nachricht ein symmetrisches Verfahren verwenden und den übertragenen Schlüssel mit einem asymmetrischen Algorithmus chiffrieren.[26]

4.5 Wasserzeichen

Wasserzeichen werden in der Papierherstellung seit Jahrhunderten verwendet und sind heute noch bei der Erkennung gefälschter Banknoten von großer Bedeutung. Von einem digitalen Wasserzeichen spricht man, wenn in digitalisierte Bilder, Filme und Musiktitel zusätzliche Informationen derart eingebettet werden, dass sie vom Menschen beim Hören bzw. Anschauen nicht wahrgenommen werden können. Zum Einbetten solcher digitaler

---

[26] Spengler (2003)

Wasserzeichen nutzt man – wie bei den Kompressionsverfahren für Audio-, Bild- und Videomaterial (z.b. MP3, JPEG, MPEG, ...) – Beschränkungen der menschliche Wahrnehmung aus. Ertönen zum Beispiel gleichzeitig ein leiser und ein lauter Ton mit eng beieinander liegenden Frequenzen, so können Menschen den leiseren Ton nicht hören. Während die Kompressionsverfahren nicht wahrnehmbare Signalanteile aus dem Bild- oder Tonmaterial entfernen, fügt man zum Einbetten von Wasserzeichen solche Signalanteile in das Material ein. Boney et al.[27] haben gezeigt, dass es möglich ist diese Signale so einzufügen, dass sie noch unterhalb der menschlichen Wahrnehmungsgrenze aber oberhalb jener Schwelle liegen, ab der sie von Kompressionsverfahren nicht mehr entfernt werden. Auf diese Weise eingebettete Wasserzeichen bleiben also auch bei Kompression des Audio- oder Videomaterials erhalten. Da digitale Wasserzeichen Bild- und Tonqualität der Informationsgüter nicht reduzieren sollen, ist die Menge der Informationen, welche eingebettet werden kann, begrenzt. Es wurden bereits zahlreiche Konzepte zur Einbettung und Detektion von digitalen Wasserzeichen publiziert; diese sollen an dieser Stelle jedoch nicht näher erörtert werden.[28]

Digitale Wasserzeichen sollen ähnlich einer digitalen Signatur nicht gefälscht werden können. Man unterscheidet zwei Typen von digitalen Wasserzeichen:

- Fragile Wasserzeichen

- Robuste·Wasserzeichen

Fragile Wasserzeichen dienen dazu, den Nachweis der Unverfälschtheit des Informationsgutes zu erbringen. Sie sind so konstruiert, dass sie bereits bei kleinsten Manipulationen des Informationsgutes verloren gehen.

Mit robusten Wasserzeichen werden urheberrechtliche Angaben – wie etwa Copyright Vermerke oder Umfang der Nutzungsrechte – in die Informationsgüter eingebettet. Sie sollen Manipulationen des Informationsgutes (Konvertierung in andere Datenformate, Skalierung, ...) standhalten und idealer Weise auch durch gezielte Angriffe nicht entfernt werden können. Eine besondere Art der robusten Wasserzeichen sind die digitalen Fingerabdrücke. Mit ihnen werden kundenspezifische Informationen in die Informationsgüter eingebettet. Jedes mit digitalem Fingerabdruck markierte Informationsgut ist daher ein Unikat, wodurch im Falle von Urheberrechtsverletzungen leicht ermittelt werden kann, wer die unrechtmäßige Kopie in Umlauf gebracht hat.

---

[27] Boney et al. (1996)
[28] Petitcolas (2003)

4.6 Prinzipielle Funktionsweise eines DRM Systems

In diesem Kapitel wird die prinzipielle Funktionsweise eines DRM Systems erläutert. Die auf dem Markt verfügbaren DRM Systeme weisen unterschiedliche Architekturen auf, weshalb es schwierig ist, ein allgemein gültiges Referenzmodell eines DRM Systems zu beschreiben. Die grundlegende Funktionalität, welche die DRM Systeme bereitstellen, ist jedoch weitestgehend gleich. Zur Beschreibung eines DRM Systems gibt es zwei Ansätze: den architektonischen und den funktionalen Ansatz.

Beim architektonischen Ansatz wird ein DRM System anhand seiner Komponenten beschrieben; diesem Ansatz sind Rosenblatt et al.[29] gefolgt, die ihr DRM Referenzmodell auf Basis von Standardkomponenten definieren.

Beim funktionalen Ansatz wird ein DRM System anhand der Funktionen, die das System zur Verfügung stellt beschrieben. Dieser Ansatz ist allgemeiner, da er offen lässt, mit welchen Komponenten die einzelnen Funktionen realisiert werden. Deshalb wird im Folgenden das Modell von Guth[30], welches ein DRM System aus der funktionalen Perspektive beschreibt, vorgestellt. In Abbildung 3 wird der funktionale Aufbau eines DRM Systems illustriert.

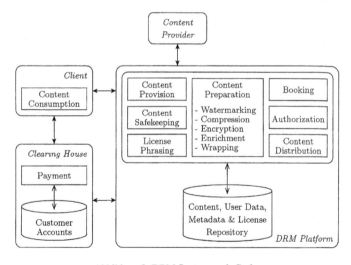

Abbildung 3: DRM System nach Guth

---

[29] Rosenblatt et al. (2002), S. 79-83
[30] Guth (2003b)

Im Folgenden werden die funktionalen Bausteine des Modells kurz erläutert:

- Content Provision: Die Inhaber der Verwertungsrechte von Informationsgütern müssen die Möglichkeit haben, die Güter und zugehörige Metadaten über einen gesicherten Kanal in das DRM System 'einspeisen' zu können.

- Content Safekeeping: Nachdem die Güter an das DRM System übertragen worden sind, werden sie in einer sicheren Umgebung in einem Informationsgüter-Archiv (content repository) gespeichert. Die Metadaten werden in einer Metadaten-Datenbank (metadata repository) abgelegt.

- License Phrasing: Die Inhaber der Verwertungsrechte müssen die verschiedenen Nutzungsrechte (Lizenzen) an dem jeweiligen Gut und die Konditionen, unter denen diese Rechte erworben werden können, definieren. Die Lizenzen werden in einer Lizenz-Datenbank (license repository) gespeichert.

- Content Preparation: Vor dem Versand müssen die Informationsgüter vorbereitet werden. Dies kann je nach DRM System und Lizenzbestimmungen für das zu versendende Gut unterschiedliche Schritte umfassen. In dem hier präsentierten Modell sind dies:

  - Watermarking: Ein Wasserzeichen wird in das Informationsgut eingebettet (s. Abschnitt 4.5).

  - Compression: Das Informationsgut wird in ein platzsparendes Format konvertiert.

  - Encryption: Zum Schutz vor unberechtigtem Zugriff wird das Informationsgut verschlüsselt.

  - Enrichment & Wrapping: Das verschlüsselte Informationsgut, die Metadaten und die Lizenz werden in einen so genannten ‚sicheren Container' verpackt.

- Content Distribution: Der sichere Container wird an den potentiellen Kunden übermittelt.

- Booking: Möchte der Kunde Zugriff auf das Informationsgut erhalten, muss er die Rechte für den Zugriff erwerben. Zu diesem Zweck nimmt die DRM Client-Software des Kunden Kontakt mit der DRM Platform auf und teilt dieser den Wunsch des Kunden mit. Diese wiederum überträgt dann Informationen über den Zahlungsprozess an den Kunden.

- Payment: Der Kunde nimmt dann Kontakt mit dem ‚clearing house' auf und initiiert den Zahlungsprozess. Dieser kann auf vielfältige Weise abgewickelt werden, was hier jedoch nicht näher erörtert wird. Das ‚clearing house'schließlich bestätigt der DRM Plattform die Bezahlung.

- Authorization: Nachdem die Zahlungsbestätigung eingegangen ist, wird an den Kunden der für den Zugriff notwendige Schlüssel übermittelt. Bei Systemen, in denen Lizenzen und Informationsgüter getrennt voneinander sind, werden zu diesem Zeitpunkt die Lizenzen übermittelt.

- Content Consumption: Die Client Software entschlüsselt nun das Informationsgut und ermöglicht dem Kunden den Konsum des Gutes.

Das obige Modell erläutert die grundlegenden Funktionen eines DRM Systems. Die Reihenfolge und Ausgestaltung der oben erwähnten Schritte können dabei in realisierten DRM Systemen durchaus von diesem Modell abweichen. Insbesondere können die einzelnen Funktionen zu anderen Einheiten zusammengefasst sein.

4.7 Angriffe auf DRM Systeme

Viele DRM Sicherheitsmechanismen sind bereits 'geknackt' worden (z.B. Microsoft Audio DRM System Version 1 und 2, Microsofts ebook Format .lit, ...). Ein schwerwiegender prinzipieller Schwachpunkt der DRM Sicherheitsmechanismen liegt jedoch darin, dass die Wiedergabeanwendung eines DRM Systems die Daten bei allen aktuellen Betriebssystemen unverschlüsselt an Sound- und Grafiktreiber senden muss. Jedes DRM System lässt sich deshalb dadurch umgehen, dass sich ein Programm als Soundtreiber ausgibt, den von der Wiedergabeanwendung des DRM Systems kommenden unverschlüsselten Datenstrom in einem unverschlüsselten Format auf der Festplatte speichert, und erst anschließend den Datenstrom an den 'echten' Soundtreiber weiterleitet. Für MS Windows gibt es unter anderem die Programme Total Recorder, SoundCapture, Streamripper und Audio Record Wizard mit denen jedes Audiosignal, welches an die Soundkarte gesendet wird, aufgenommen werden kann. Auch für Videomaterial gibt es entsprechende Programme. Um eine solche Umgehung der DRM Systeme verhindern zu können, müssen DRM Sicherheitsmechanismen bereits auf Betriebssystem- oder gar Hardwareebene integriert werden.[31]

Digitale Wasserzeichen bleiben bei einem unerlaubten 'Mitschneiden' der Informationsgüter zwar erhalten, es sind jedoch auch einige effektive Angriffe (z.B. Stirmark, Oracle

---

[31] Hauser, Wenz (2003)

und Blind Pattern Matching) auf digitale Wasserzeichen bekannt. Digitale Fingerabdrücke lassen sich durch Differenz- oder Durchschnittsbildung von mehreren – aus verschiedenen Quellen erworbenen – Kopien eines Informationsgutes zerstören. Für nähere Einzelheiten zu den verschiedenen Angriffsverfahren sei auf den Artikel von Petitcolas[32] verwiesen.

5 Verfügbare DRM Systeme

In diesem Abschnitt werden einige kommerziell verfügbare DRM Systeme aufgeführt. Eine eingehende Beschreibung der Architektur und des Funktionsumfangs dieser DRM Systeme würde den Rahmen dieses Überblicks sprengen. Detailliertere Informationen sind auf den Webseiten der Anbieter zu finden.

- **Digital World Services (DWS): ADORA**[33]
  Die ehemalige Bertelsmann-Tochter bezeichnet ihr Produkt als ‚digital content delivery system'. ADORA ist für die Vorbereitung und den Vertrieb beliebiger Informationsgüter geeignet.

- **IBM: Electronic Media Management System (EMMS)**[34]
  Bei EMMS handelt es sich um die umfangreichste Software-Suite auf dem Markt. Sie besteht aus bis zu 7 Modulen, die je nach Anwendungserfordernissen kombiniert werden können:

  – EMMS Content Preparation Software Development Kit

  – EMMS Content Mastering Program

  – EMMS Web Commerce Enabler

  – EMMS Clearinghouse Program

  – EMMS Content Hosting Program

  – EMMS Multi-Device Server

  – EMMS Client Software Development Kit

  EMMS beschränkt sich nicht nur auf den Vertrieb von Informationsgütern; es bietet darüber hinaus umfangreiche Möglichkeiten zur hausinternen Kontrolle des Zugriffs auf Informationen.

---

[32] Petitcolas (2003), S.87-91
[33] DWS (2004)
[34] IBM (2004)

- **Microsoft: Windows Media DRM**[35]

  Der Windows Media DRM wird von den anderen Softwarekomponenten der Windows Media Series (Windows Media Server, Windows Media Player) unterstützt. Der große Vorteil des Windows Media DRM's ist, dass die für die Wiedergabe der Informationsgüter notwendige Client-Software (Windows Media Player) bereits mit dem Betriebssystem ausgeliefert wird.

- **Realnetworks: Helix**[36]

  Helix ist ein unter der Schirmherrschaft von Realnetworks stehendes Open Source Project, welches ebenfalls anstrebt die komplette DRM Funktionalität von der Vorbereitung und dem Versand der Informationsgüter bis hin zur Wiedergabe zu realisieren.

- **Open Source: OpenIPMP**[37]

  OpenIPMP ist ein weiteres Open Source Project, das ebenfalls eine komplette DRM Software-Suite zur Verfügung stellt.

Zu erwähnen ist auch Intertrust mit dem DRM System ‚Commerce and Rights System'. Nach aktuellen Informationen auf der Firmen Webseite[38] wird Intertrust künftig keine komplette DRM Plattform mehr anbieten; man will sich auf die Entwicklung von DRM Technologien und DRM Modulen konzentrieren und diese an andere Softwarehersteller lizenzieren. Auch Adobe bietet ein DRM System an: den Adobe Content Server.[39] Dieser ist jedoch ausschließlich für den Vertrieb von eBooks konzipiert.

6 Zusammenfassung und Ausblick

Durch technische Innovationen sind die unberechtigte Vervielfältigung und Verbreitung von digitalen Informationsgütern einfach und kostengünstig geworden. Deshalb ist die Anzahl der in Umlauf befindlichen unrechtmäßigen Kopien pro verkauftem Original weitaus größer als zu Zeiten, in denen Informationsgüter ausschließlich mittels physischer Träger vertrieben wurden. Es ist daher ein berechtigtes Anliegen der Medienproduzenten, mit Hilfe von DRM Systemen die Verbreitung illegaler Kopien einzudämmen. DRM Systeme, deren Sicherheitskonzept auf Verschlüsselung beruhen, bedürfen der Unterstützung auf Betriebssystem- oder gar Hardwareebene, da sie andernfalls von Inhabern der

---

[35] Microsoft (2004)
[36] Realnetworks (2004)
[37] OpenIPMP (2004)
[38] Intertrust (2004)
[39] Adobe (2004)

Dechiffrierschlüssel auf einfache Weise zu umgehen sind. Dies gilt nicht für digitale Wasserzeichen, die auch nach Umwandlung des Informationsgutes in andere Formate (auch in analoge) erhalten bleiben. Zwar sind digitale Wasserzeichen zur Zeit noch anfällig gegen gezielte Angriffe; zukünftige technische Verbesserungen auf diesem Gebiet können jedoch die Zerstörung der Wasserzeichen erschweren. Eine große Bedeutung könnte den digitalen Fingerabdrücken zukommen, da sie erlauben, jedes Informationsgut eindeutig einem Kunden zuzuordnen. Dies könnte die Kunden davon abhalten, ihre Informationsgüter zum Tausch anzubieten. Mit DRM Systemen werden neue Vermarktungskonzepte für digitale Informationsgüter möglich, die ohne solche Systeme undenkbar wären. Zudem kann mit DRM Systemen die Administration der Verwertungsrechte an Informationsgütern innerhalb eines Medienunternehmens effizienter gestaltet werden.

Aus den vorgenannten Gründen werden DRM Systeme bei der Vermarktung digitaler Informationsgüter zukünftig eine große Rolle spielen. Welche DRM Systeme sich dabei auf dem Markt behaupten werden, ist schwierig zu beurteilen. Microsoft liefert Teile seiner DRM Plattform mit den Windows Betriebssystemen aus und befindet sich daher in einer guten Position. Das PDF-Format von Adobe hat sich als Standardformat für digitalisierte Texte etabliert. Adobe Content Server könnte sich daher im ebook-Bereich behaupten. Der Funktionsumfang des EMMS von IBM geht weit über die Funktionalität einer DRM Plattform hinaus und wird daher wahrscheinlich auch einen Markt finden. ADORA von DWS wird von einigen Musikdownload Services, u. a. Musicload von T-online, eingesetzt. Ob die beiden Open Source Plattformen Helix und OpenIPMP nennenswerte Verbreitung finden werden, vermag ich nicht zu beurteilen. Die Zukunft von Helix hängt sicherlich sehr davon ab, ob sich die Realnetworks Realplayer Software auch weiterhin neben dem Windows Media Player behaupten kann.

Literatur

Adobe (2004), *Adobe Content Server*, (Aufruf: 14.05.2004),
unter: http://www.adobe.com/products/contentserver/main.html.

Androutsellis-Theotokis, Stephanos (2002), *A Survey of Peer-to-Peer File Sharing Technologies*, ELTRUN Athens University of Economics and Business, (Aufruf: 18.04.2004), unter: http://www.eltrun.aueb.gr/whitepapers/p2p_2002.pdf

Bauckhage, Tobias (2003), *Digital Rights Management: Economic Aspects*, in: (LNCS 2770) Digital Rights Management: Technological, Economic, Legal and Political Aspects; hrsg. von Becker, Eberhard et al., Berlin [Springer], 2003, S. 234-249.

Becker, Eberhard; Buhse, Willms; Günnewig, Dirk; Rump, Niels (2003), *(LNCS 2770) Digital Rights Management: Technological, Economic, Legal and Political Aspects*, Berlin [Springer], 2003.

Biddle, Peter; England, Paul; Peinado, Marcus; Willman Bryan (2003), *The Darknet and the Future of Content Protection*, in: (LNCS 2696) Digital Rights Management: ACM CCS-9 Workshop; hrsg. von Joan Feigenbaum, Berlin [Springer], 2002, S. 155-175.

Boney, Laurence; Tewfik, Ahmed H.; Hamdy, Khaled N. (1996), *Digital Watermarks for Audio Signals*, in: International Conference on Multimedia Multimedia Computing and Systems, Hiroshima [IEEE Computer Society], 1996, S. 473-480.

Clarke, Ian; Sandberg, Oscar; Wiley, Brandon; Hong, Theodore W.(2000), *Freenet: A Distributed Anonymous Information Storage and Retrieval System*, in: (LNCS 2009) Workshop on Design Issues in Anonymity and Unobservability, Berlin [Springer], 2000, S. 46-66.

DWS (2004), *ADORA*, (Aufruf: 14.05.2004),
unter: http://www.dwsco.de/ps_adora.html.

Guth, Susanne (2003), *Rights Expression Languages*, in: Digital Rights Management: Technological, Economic, Legal and Political Aspects; hrsg. von Becker, Eberhard et al., Berlin [Springer], 2003, S. 101-112.

Guth, Susanne (2003), *A Sample DRM System*, in: Digital Rights Management: Technological, Economic, Legal and Political Aspects; hrsg. von Becker, Eberhard et al., Berlin [Springer], 2003, S. 150-161.

Hauser, Tobias; Wenz, Christian (2003), *DRM Under Attack: Weaknesses in Existing Systems*, in: Digital Rights Management: Technological, Economic, Legal and Political Aspects; hrsg. von Becker, Eberhard et al., Berlin [Springer], 2003, S. 206-223.

Ianella, Renato (2001), *Digital Rights Management (DRM) Architectures*, in: D-Lib Magazine, 2001, Volume 7, Number 6.
[auch erhältlich unter: http://www.dlib.org/dlib/june01/iannella/06iannella.html]

IBM (2004), *EMMS*, (Aufruf: 14.05.2004),
unter: http://www-306.ibm.com/software/data/emms.

Liebowitz, Stan J. (2003), *Will MP3 downloads Annihilate the Record Industry? The Evidence so Far*, (Aufruf: 12.05.2004),
unter: http://papers.ssrn.com/sol3/papers.cfm?abstract_id=414162.

Liebowitz, Stan J. (2004), *Copyright Issues, Copying and MP3 Downloading*, (Aufruf: 12.05.2004), unter: http://wwwpub.utdallas.edu/~liebowit/intprop/main.htm

Intertrust (2004), *Research & Development*, (Aufruf: 14.05.2004),
unter: http://www.intertrust.com/main/research/index.html.

Microsoft (2004), *Windows Media DRM*, (Aufruf: 14.05.2004),
unter: http://www.microsoft.com/windows/windowsmedia/drm/default.aspx.

Oberholzer, Felix; Strumpf, Koleman (2004), *The Effect of File Sharing on Record Sales - An Empirical Analysis*, Harvard Business School & University of North Carolina Chapel Hill, (Auruf: 08.05.2004),
unter: http://www.unc.edu/~cigar/papers/FileSharing_March2004.pdf.

OpenIMP (2004), *OpenIMP*, (Aufruf: 14.05.2004),
unter: http://objectlab.com/clients/openipmp/id28.htm.

Petitcolas, Fabien A. P. (2003), *Digital Watermarking*, in: Digital Rights Management: Technological, Economic, Legal and Political Aspects; hrsg. von Becker, Eberhard et al., Berlin [Springer], 2003, S. 81-92.

Realnetworks (2004), *Helix*, (Aufruf: 14.05.2004),
unter: http://www.realnetworks.com/products/drm/index.html bzw.
https://helixcommunity.org/.

Rosenblatt, Bill; Trippe, Bill; Mooney, Stephen (2002), *Digital Rights Management*, New York [M&T Books], 2002.

Rump, Niels (2003), *Digital Rights Management: Technological Aspects*, in: Digital Rights Management: Technological, Economic, Legal and Political Aspects; hrsg. von Becker, Eberhard et al., Berlin [Springer], 2003, S. 3-15.

Shapiro, Carl; Varian, Hal R. (1999), *Information Rules: A Strategic Guide to the Network Economy*, Boston [Havard Business School Press], 1999.

Spengler, Gabriele (2003), *Authentication, Identification Techniques, and Secure Containers – Baseline Technologies*, in: Digital Rights Management: Technological, Economic, Legal and Political Aspects; hrsg. von Becker, Eberhard et al., Berlin [Springer], 2003, S. 62-80.

Takeyama, Lisa N. (1994), *The Welfare Implications of Unauthorized Reproduction of Intellectual Property in the Presence of Demand Network Externalities*, in: Journal of Industrial Economics, Volume 17, 1994, S. 155-166.

whatis.com (2004), *Digital Rights Management*, (Aufruf: 15.04.2004), unter: http://whatis.techtarget.com, Suchbegriff: Digital Rights Management.